Von A bis Z
Schreibtrainer Alphabetisierung

Deutsch als Zweitsprache für Erwachsene

Alexis Feldmeier

und

____

Ernst Klett Sprachen
Stuttgart

Autor: Alexis Feldmeier
Redaktion: Stefanie Plisch de Vega
Herstellung: Claudia Stumpfe
Gestaltung und Satz: Satzkasten, Markus Dollenbacher
Umschlaggestaltung: Friedemann Bröckel

Bildquellennachweis

Cover iStockphoto (cmcderm1), Calgary, Alberta;
4.1 Thinkstock (istockphoto), München; **4.1; 4.5** Thinkstock (Hemera), München;
4.3 Thinkstock (Hemera), München; **4.4** iStockphoto (Olivier Blondeau), Calgary, Alberta

Informationen und zu diesem Titel passende Produkte finden Sie auf
www.klett-sprachen.de/vonabisz

1. Auflage 1 13 12 11 | 2026 2025 2024

Druck und Bindung: Elanders Waiblingen GmbH

ISBN 978-3-12-676043-0

9 783126 760430

Liebe Lernende, liebe Kursleitende,

mit diesem Schreibtrainer können Sie alle Buchstaben des deutschen Alphabets und die Zahlen üben – zusätzlich zu jedem Alphabetisierungslehrwerk.
Wenn Sie den Trainer bearbeiten und Ihre Buchstaben darin schreiben, dann sind Sie Co-Autor. Schreiben Sie Ihren Namen deshalb gleich auf die erste Seite.

Für jeden Buchstaben stehen drei Seiten zur Verfügung.
In der Kopfzeile sehen Sie jeweils den Buchstaben in verschiedenen Schriftarten. Das sind Beispiele dafür, wie die Buchstaben in der Realität vorkommen können – so müssen Sie die Buchstaben aber nicht schreiben.
Neben dem Kalenderblatt können Sie das Datum notieren, an dem Sie die Seite bearbeiten und so den Lernfortschritt dokumentieren.

Links oben auf der jeweils ersten Seite zu jedem Buchstaben finden Sie Hohlbuchstaben zum Ausmalen. Sie ermöglichen ein Herantasten an die Form, üben den Umgang mit dem Stift und fördern die Konzentration – besonders beim Versuch, nicht über die Konturen zu malen. Hier sollten Sie verschiedene Farbstiftarten ausprobieren. Die Hohlzahl in der Fußzeile jeder Seite kann man ebenfalls mit einem Farbstift nachfahren.

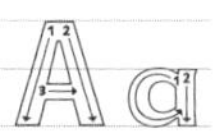

Oben rechts auf der jeweils ersten Seite sehen Sie den entsprechenden Groß- und Kleinbuchstaben in Schreiblinien und mit Pfeilen, die die Struktur des Buchstabens bewusst machen. Fahren Sie diese Pfeile hier nicht mit einem Stift nach, sondern mit dem Finger auf oder über dem Papier. Die Abfolge der Schreibbewegung ist lediglich ein Vorschlag, der zu einer besseren Analyse der Buchstabenstruktur verhelfen soll. Für geübtere Lernende auf dem Weg zu einem zügigen Schreibbewegungsablauf können andere Abfolgen interessant sein.

Bei den mit einer Stoppuhr gekennzeichneten Übungen soll der entsprechende Buchstabe so schnell wie möglich so oft wie möglich auf die Linie geschrieben werden und zwar so, wie der Buchstabe im Moment beherrscht wird. Hier geht es nicht darum, perfekte Buchstaben zu produzieren, sondern um eine zügige Schreibbewegung.

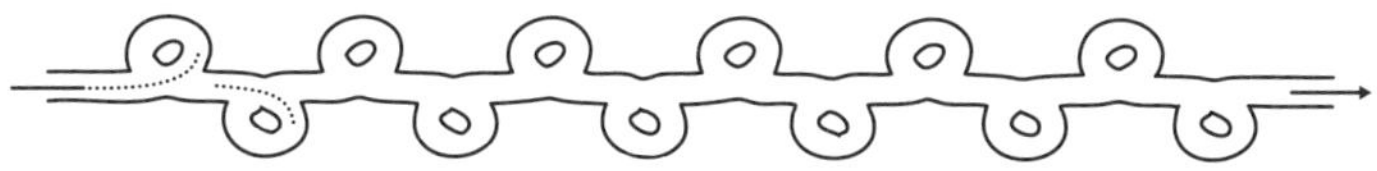

Die unterschiedlichen Schwungübungen, die zu jedem Buchstaben angeboten werden, trainieren die Teilelemente von Buchstaben und sollen in der Mitte mit einem Stift nachgespurt werden. In den „Schlaufen“ soll die Bewegung schwungvoll nach rechts oben bzw. links unten und dann durch die Schlaufe führen.

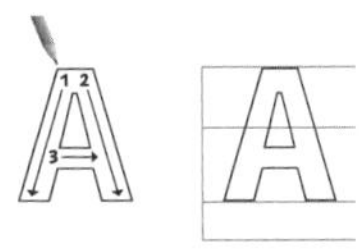

Bei den Hohlbuchstaben mit Abfolgepfeilen vor einer Schreiblinie können die Pfeile zuerst im Buchstaben nachgefahren werden, um dann die Schreibbewegungen in den Hohlbuchstaben in den Schreiblinien zu wiederholen. Achten Sie dabei darauf, in der Mitte der Hohlbuchstaben zu bleiben.

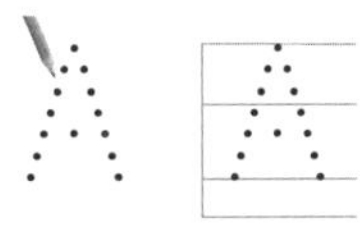

Die gepunkteten Buchstaben sollen möglichst flüssig nachgezeichnet werden.
In der jeweils letzten Schreiblinie wird der entsprechende Buchstabe frei geschrieben.

Der Baum am Ende der Schreiblinie verdeutlicht, welche Teile der Buchstaben oben (in der Krone), in der Mitte (dem Stamm) oder unten (in der Wurzel) sind. Eine Blankovorlage mit Schreiblinien zum Weiterüben finden Sie ganz hinten im Trainer. Schreiblinien in unterschiedlicher Höhe können Sie sich kostenlos herunterladen unter www.klett-sprachen.de/alphaschreibtrainer.

In welcher Reihenfolge Sie die Buchstaben bearbeiten, entscheiden Sie. Dem Ablauf der Übungen können Sie folgen oder ihn nach Ihren Bedürfnissen ändern.

Probieren Sie bei den Übungen auch unterschiedliche Schreibwerkzeuge aus, denn damit sind unterschiedliche Schreibgefühle verbunden. So lernen Sie, welches Schreibwerkzeug für die entsprechende Übung und für den Einzelnen am besten geeignet ist.

Viel Spaß und Erfolg mit dem Schreibtrainer wünschen Ihnen

Alexis Feldmeier und der Verlag

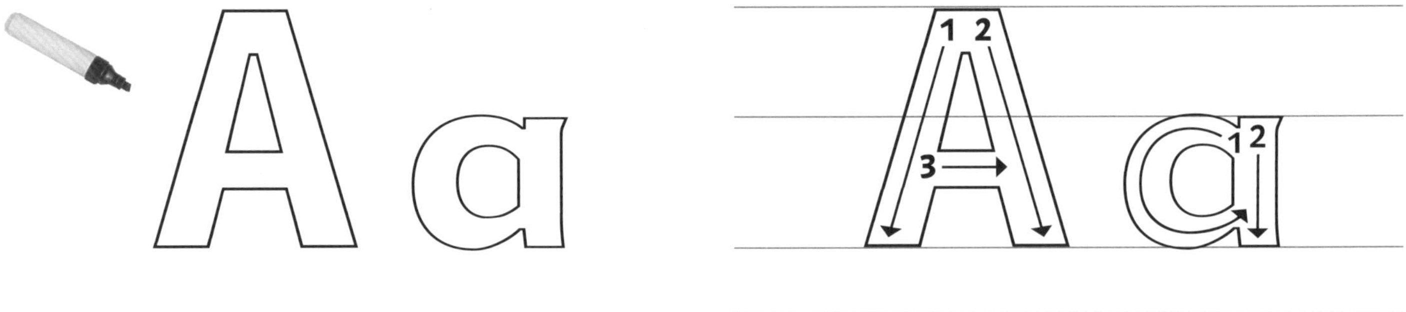

A

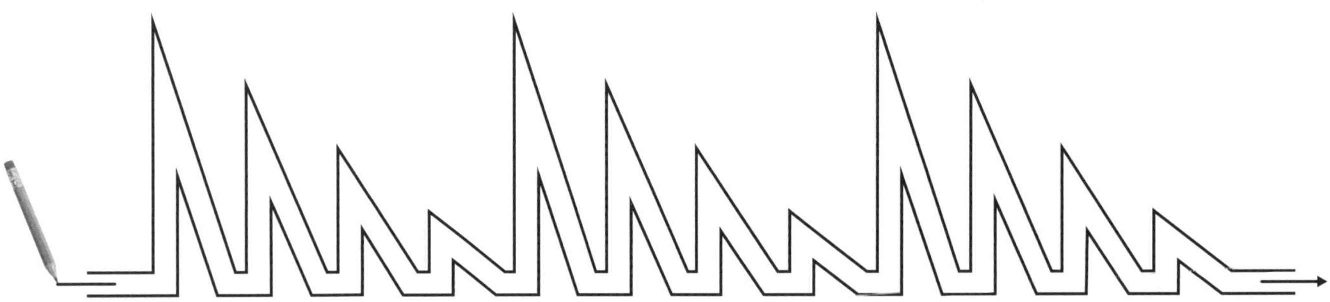

Aa Aa Aa *Aa* Aa Aa Aa **Aa** **Aa**

a

Aa Aa Aa Aa Aa Aa Aa Aa Aa

Aa

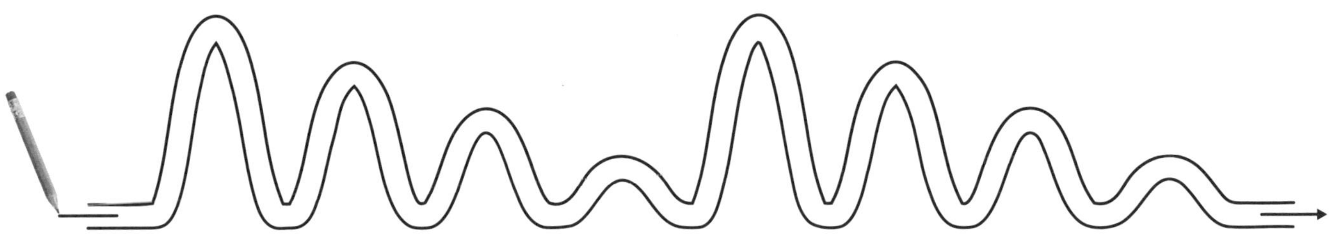

Aa Aa Aa Aa Aa Aa

B b

1 2 B 1 2 b

B

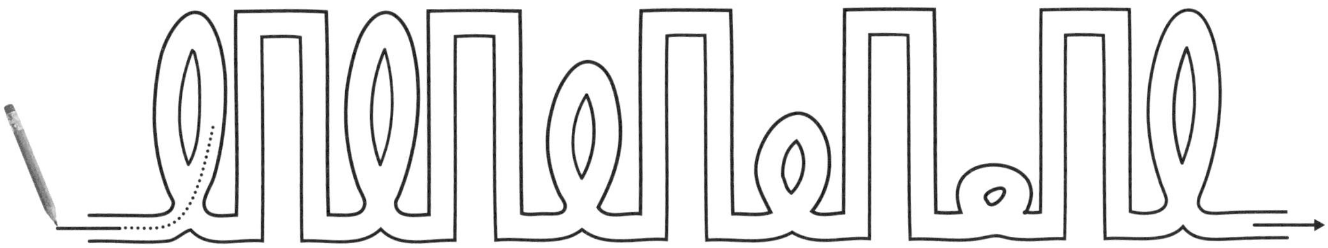

1 2 B

B B B B B B B B B

B B B B B B B B B B B

B

b

Bb Bb Bb Bb Bb Bb Bb **Bb** **Bb**

Bb

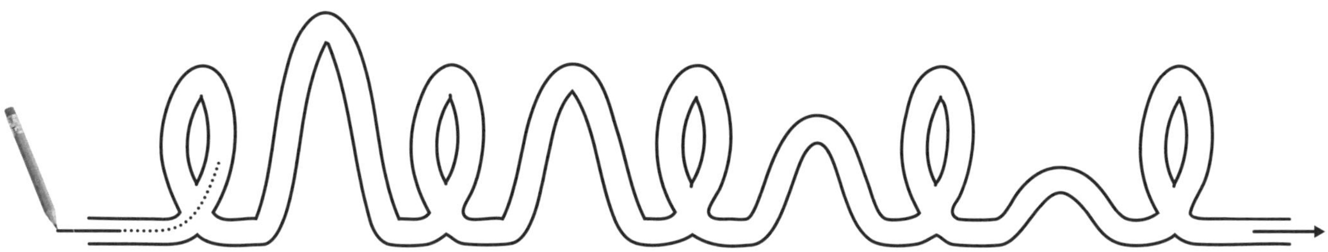

B b B b B b B b B b

Cc

Cc

C

Cc Cc Cc Cc Cc Cc Cc Cc Cc

c

Cc Cc Cc Cc Cc Cc Cc Cc Cc

Cc

D d

1 2 D 1 d 2

D

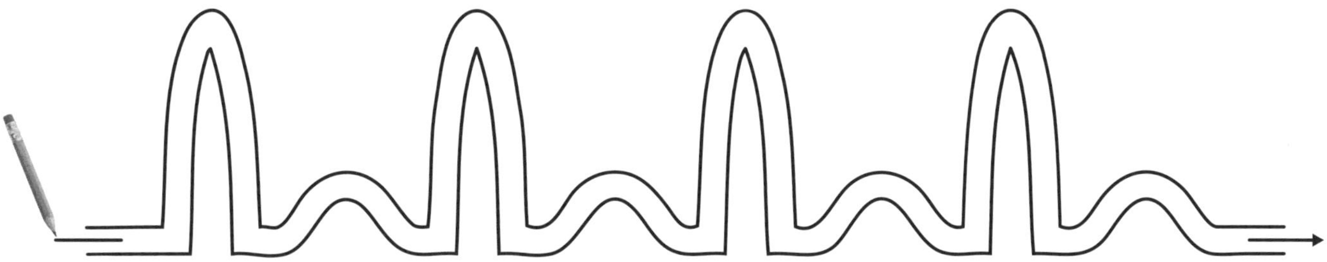

1 2 D

D D D D D D D D D

D D D D D D D D D D D

D

d

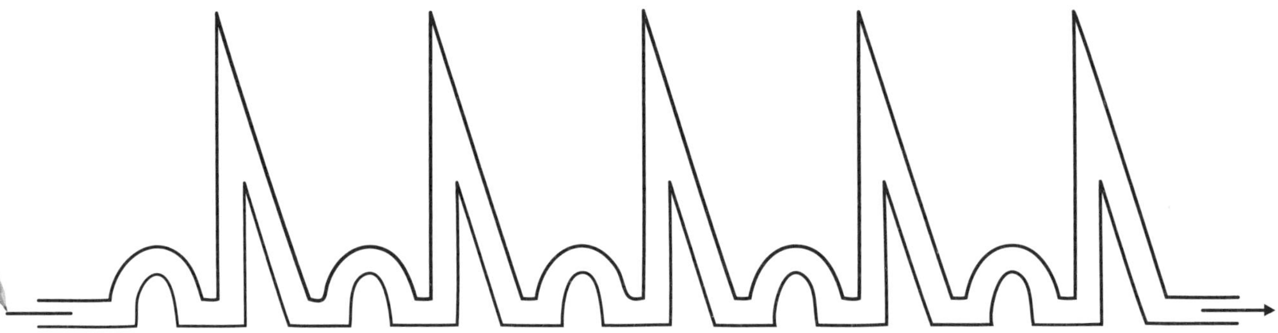

Dd

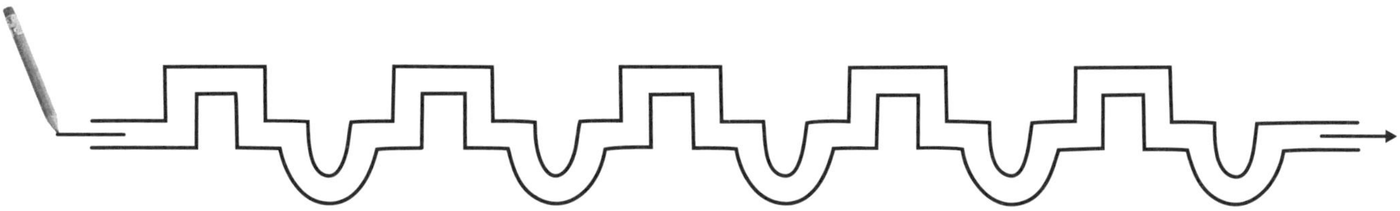

E e

1 2 3 4 E e 1 2

E

1 2 3 4 E

E E E E E E E E E E

E E E E E E E E E E E E

E

Ee Ee Ee Ee Ee Ee Ee Ee Ee

e

Ee Ee Ee Ee Ee Ee Ee Ee Ee

Ee

Ee Ee Ee Ee Ee Ee

F f

1 2 → 3 → F 1 2 → f

F

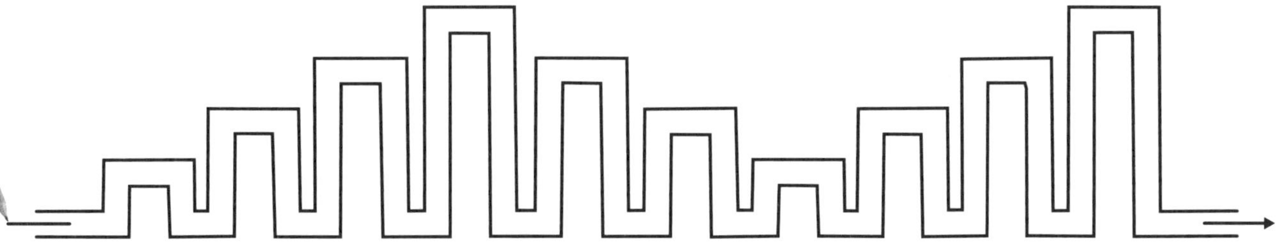

1 2 → 3 → F

F F F F F F F F F F

F F F F F F F F F F F F

F

f

Ff

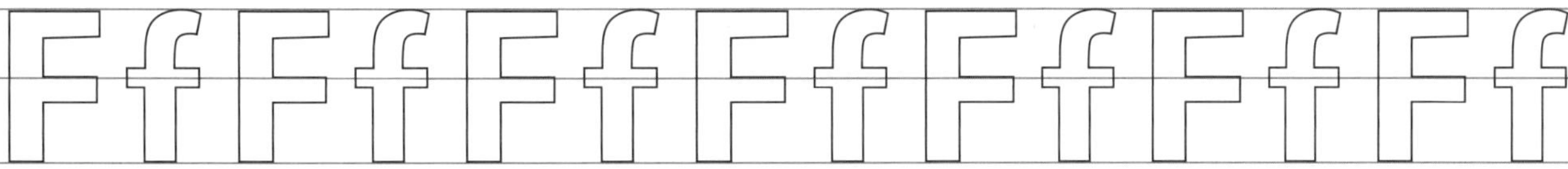

Gg

Gg

G

G

G G G G G G G G

G G G G G G G G G G

G

Gg Gg Gg *Gg* Gg Gg Gg **Gg** **Gg**

g

g

Gg

H h

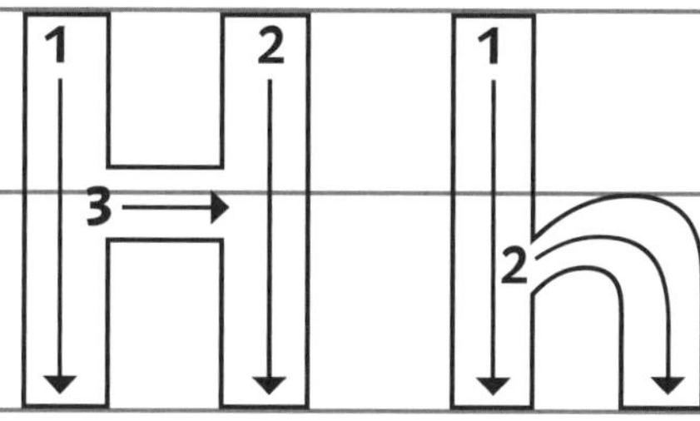

H

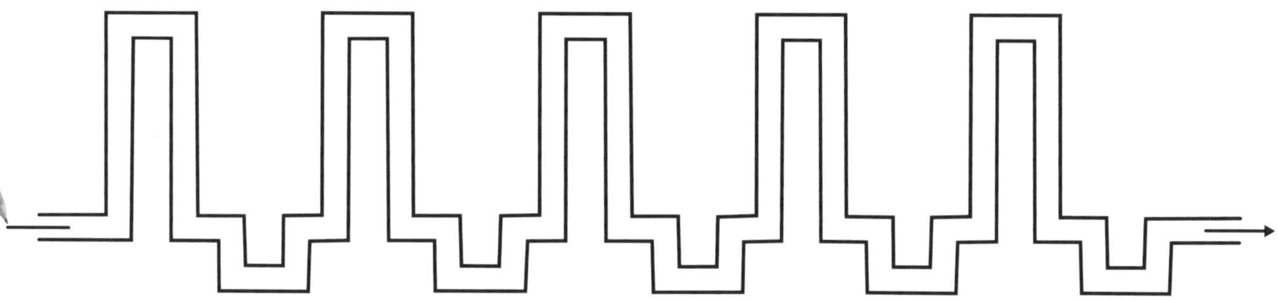

Hh Hh Hh Hh Hh Hh Hh Hh Hh

h

1 2 h

Hh Hh Hh Hh Hh Hh Hh Hh Hh

Hh

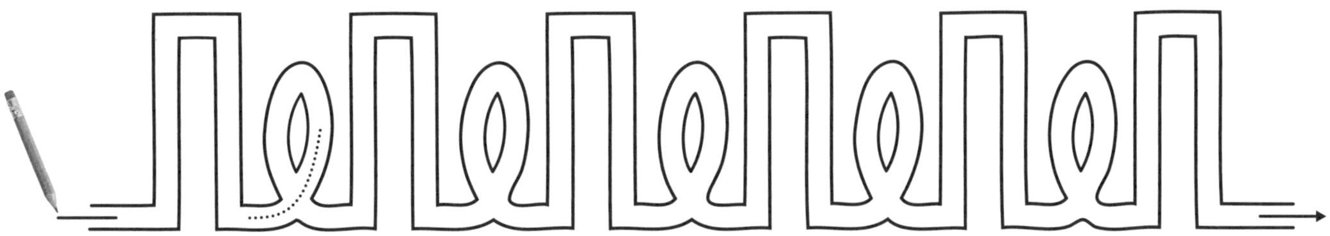

H h H h H h H h H h

I i

1 ② 1

1

i

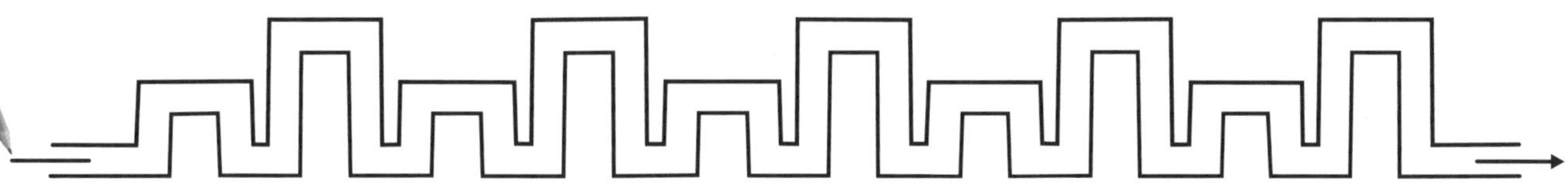

Ii

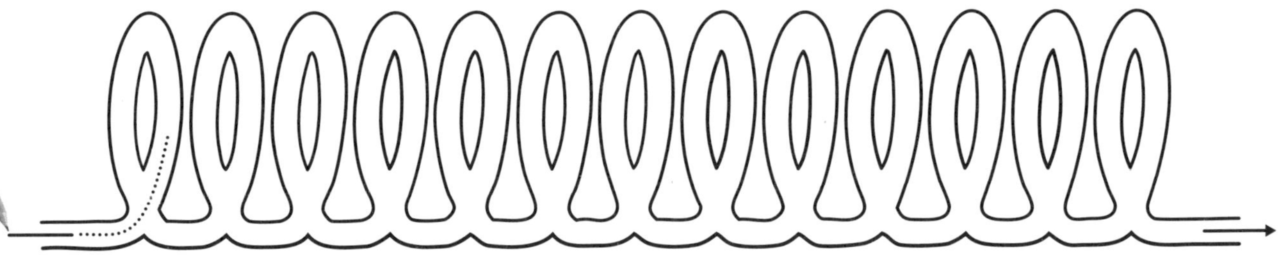

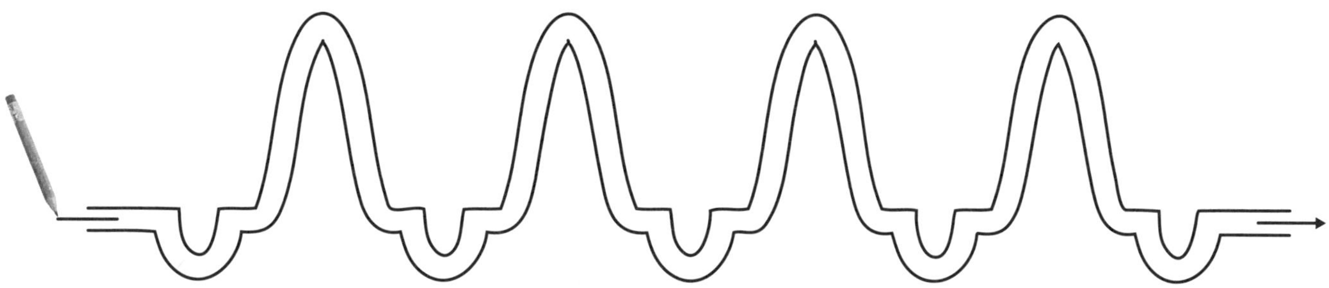

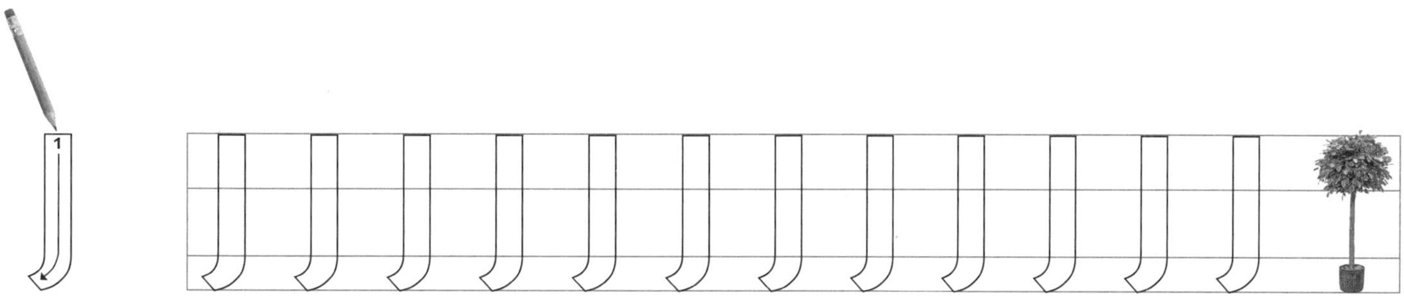

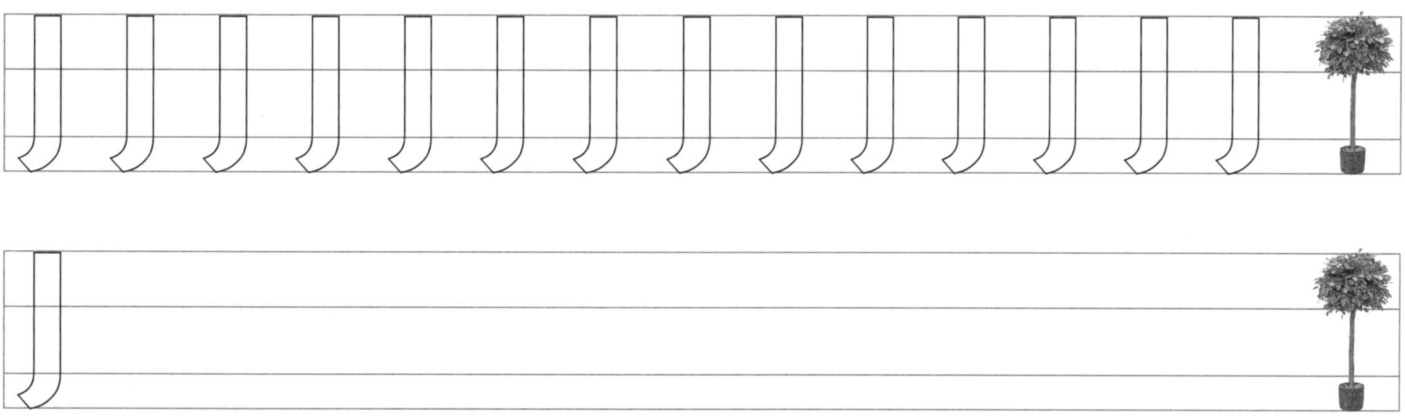

j

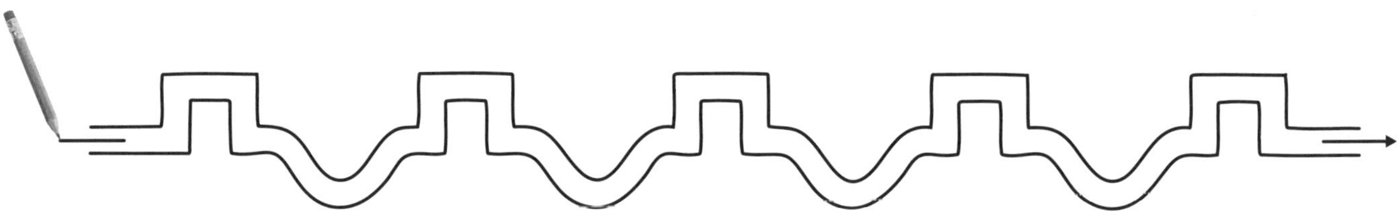

Jj

Kk Kk Kk Kk Kk Kk Kk Kk Kk

K k

1 2 3 K 1 2 3 k

K

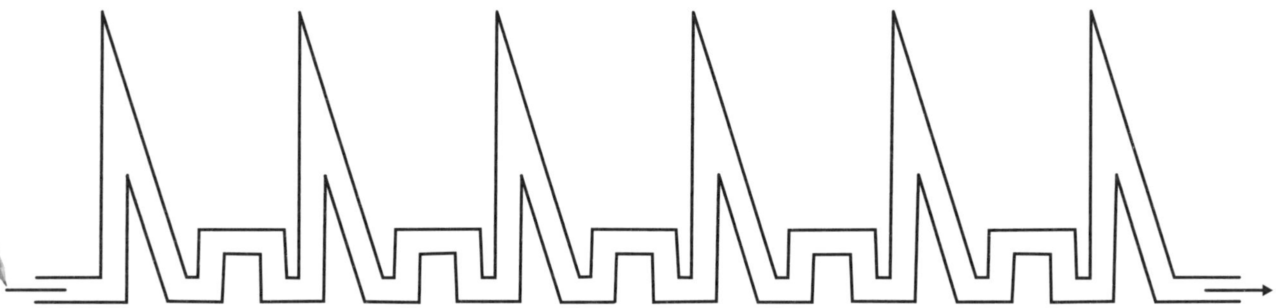

1 2 3 K

K K K K K K K K K

K K K K K K K K K K K

K

Kk Kk Kk Kk Kk Kk Kk Kk Kk

k

Kk

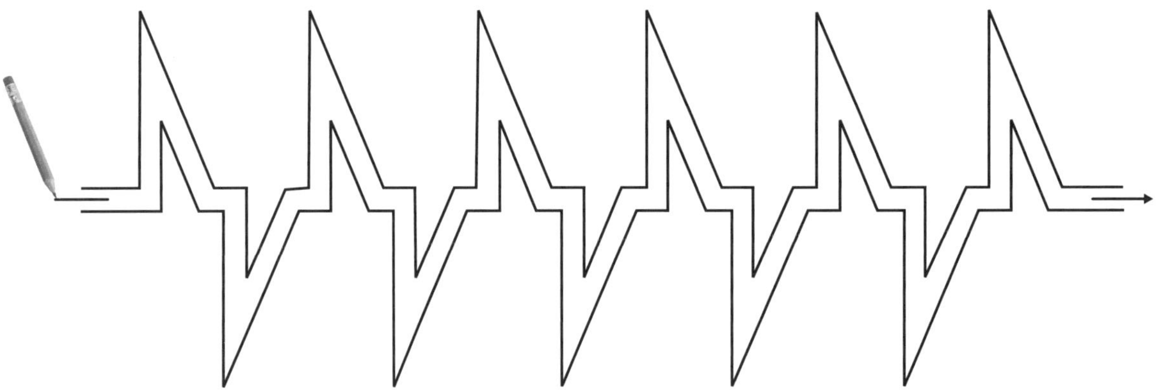

Kk Kk Kk Kk Kk Kk

L l

1 L 1 l

L

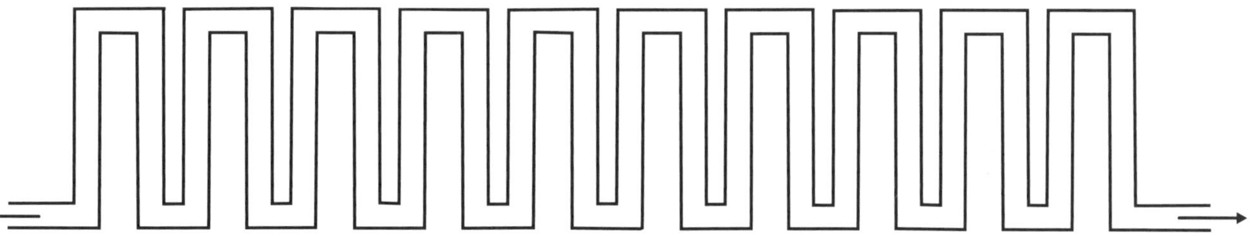

1 L

L L L L L L L L L L L

L L L L L L L L L L L L L

L

l

Ll

L l L l L l L l L l L l L l

M m M m

M

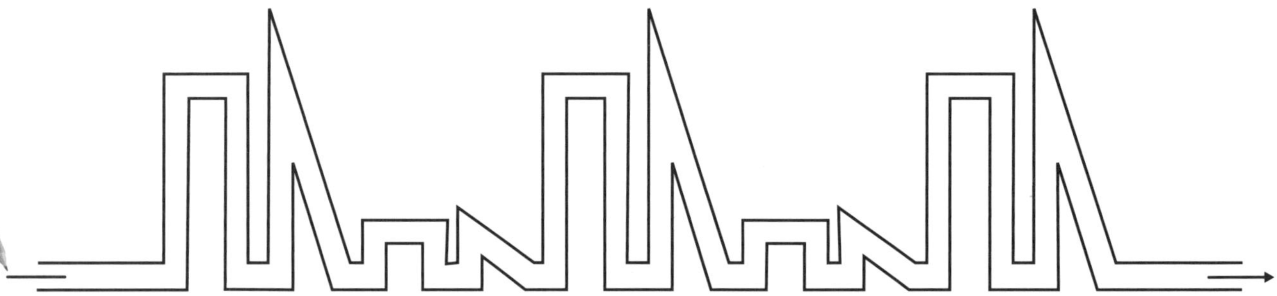

M M M M M M M M M

M M M M M M M M

M

Mm Mm Mm Mm Mm Mm Mm

m

Mm

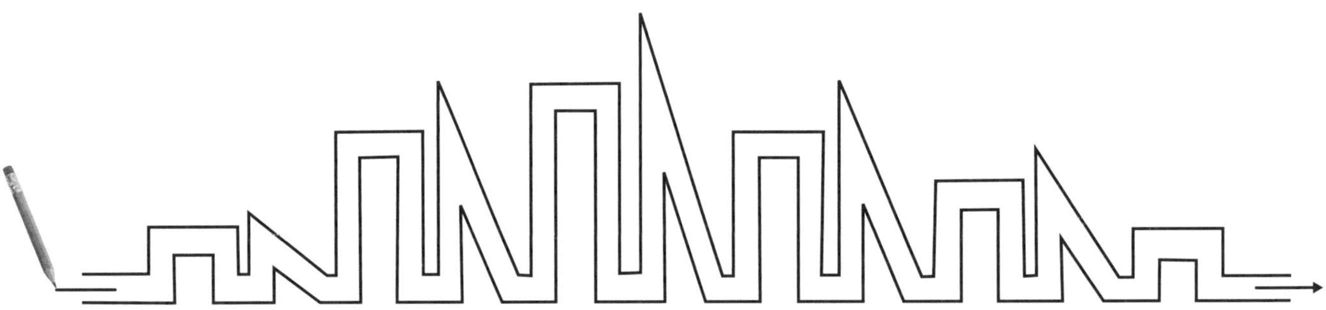

Mm Mm Mm Mm

N n

1 2 N 3 1 2 n

N

1 2 N 3

N

n

n

Nn

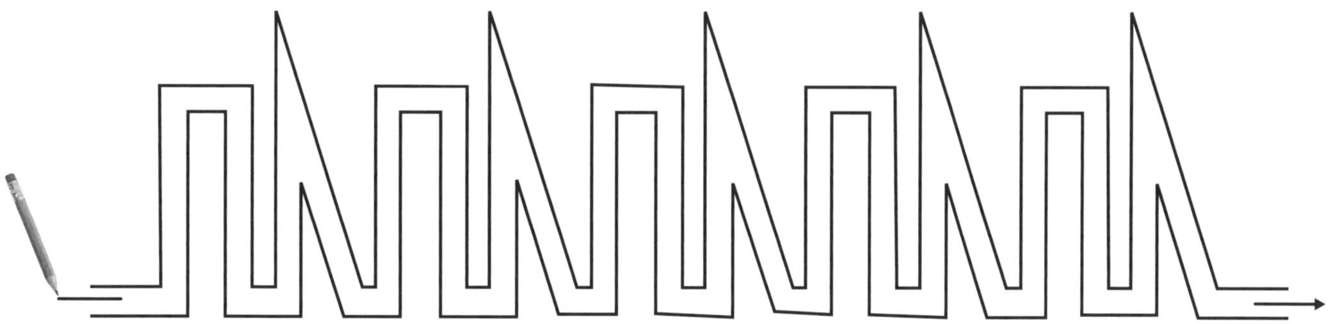

N n N n N n N n N n

O o

O o

1 1

O

1

O O O O O O O O O O

O O O O O O O O O O O

O

o

Oo

P p

1 2 P 1 2 p

P

1 2 P P P P P P P P P P

P P P P P P P P P P P

P

Pp Pp Pp Pp Pp Pp Pp Pp Pp

p

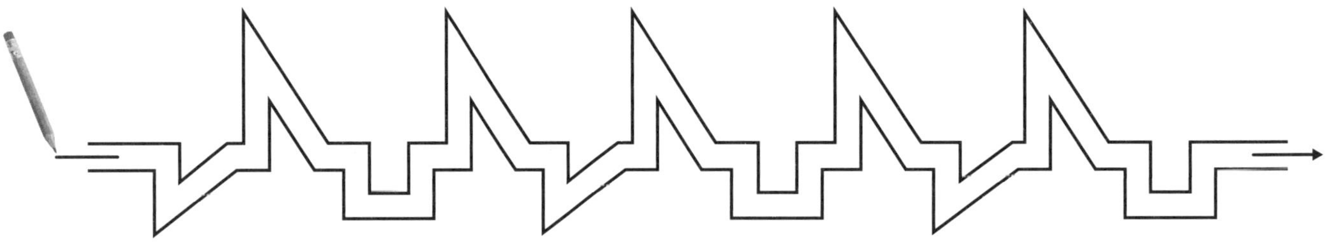

Pp Pp Pp Pp Pp Pp Pp Pp Pp

Pp

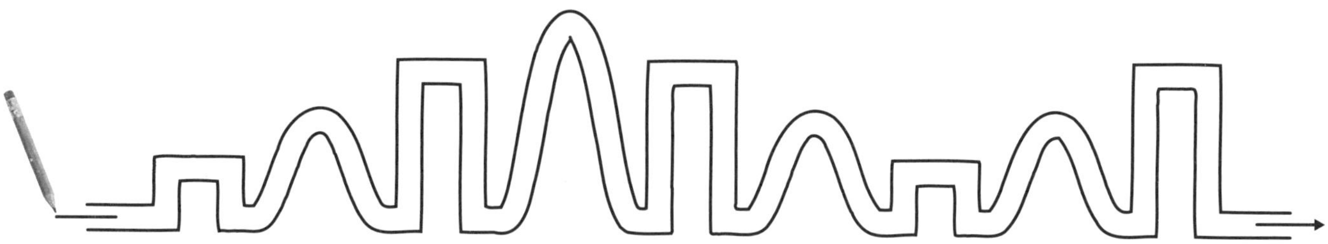

Qu qu Q q

Qu

Qu Qu Qu Qu Qu

Qu Qu Qu Qu Qu

Qu Qu Qu Qu Qu

Qu

Qu qu Qu qu Qu qu Qu qu Qu qu

Qu Qu Qu Qu Qu

Qu Qu Qu Qu Qu

Qu

qu

qu qu qu qu qu qu

qu qu qu qu qu qu

qu

qu qu qu qu qu qu

qu qu qu qu qu qu

qu

Qu qu

Qu qu Qu qu Qu qu

Qu qu Qu qu Qu qu

R r

1 2 R 3   1 2 r

R

1 2 R 3   R R R R R R R R R

R R R R R R R R R R R

R

r

Rr

S s

S s

s

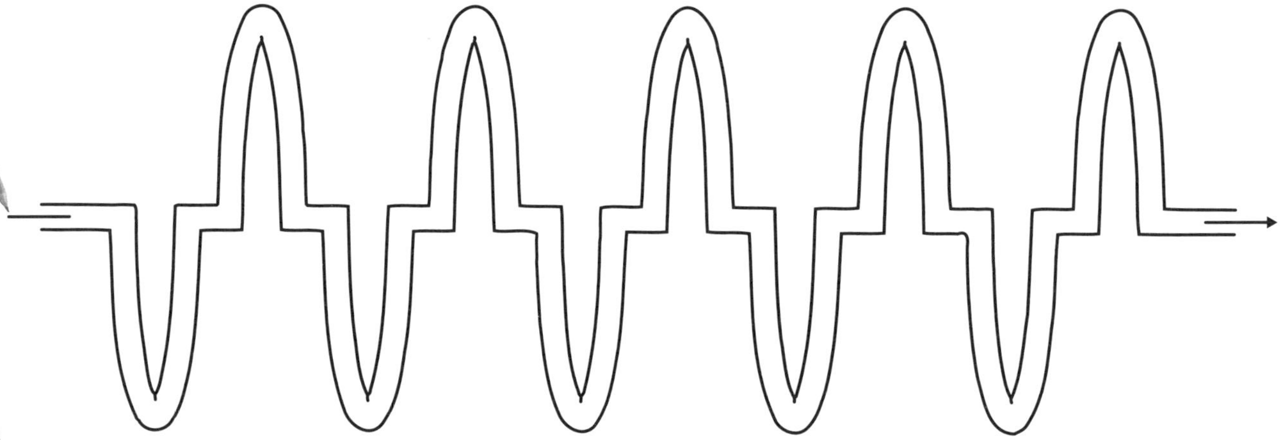

S

S S S S S S S S S S

S S S S S S S S S S S

S

Ss Ss Ss Ss Ss Ss Ss Ss Ss

s

Ss

SsSsSsSsSsSsSsSsSsSsSsSsSsSs

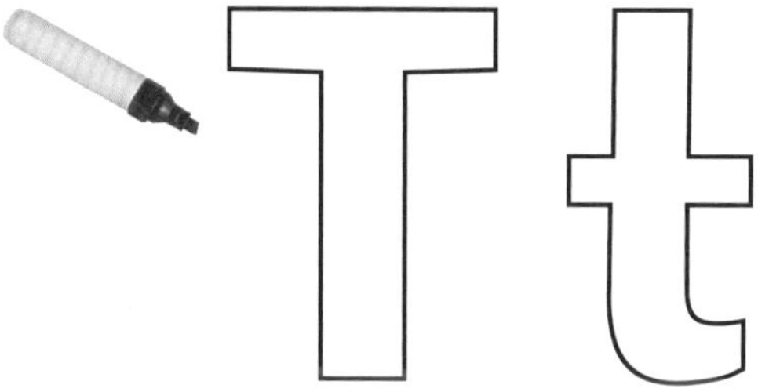

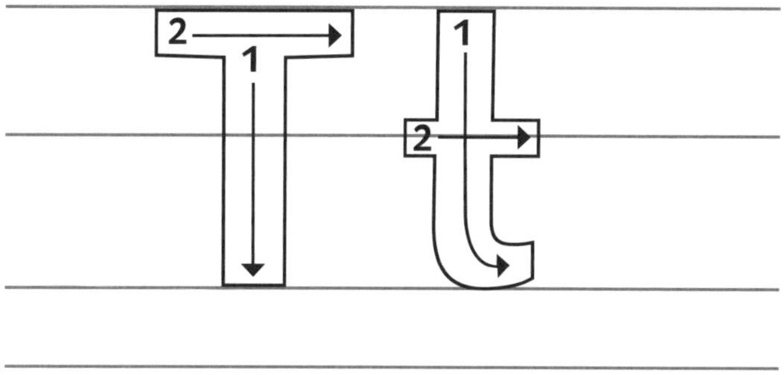

T

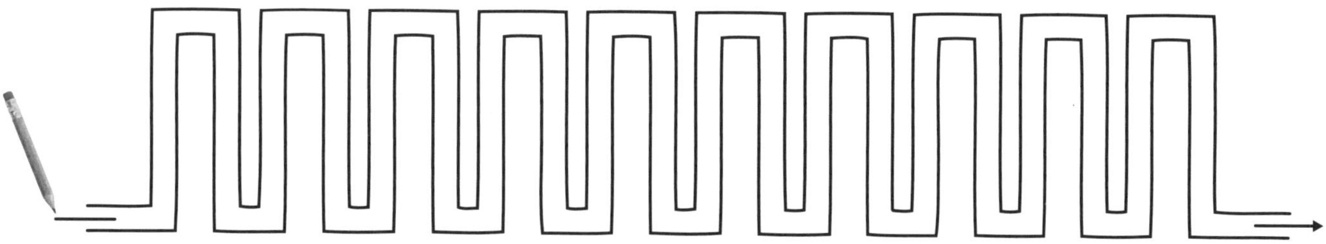

t

Tt

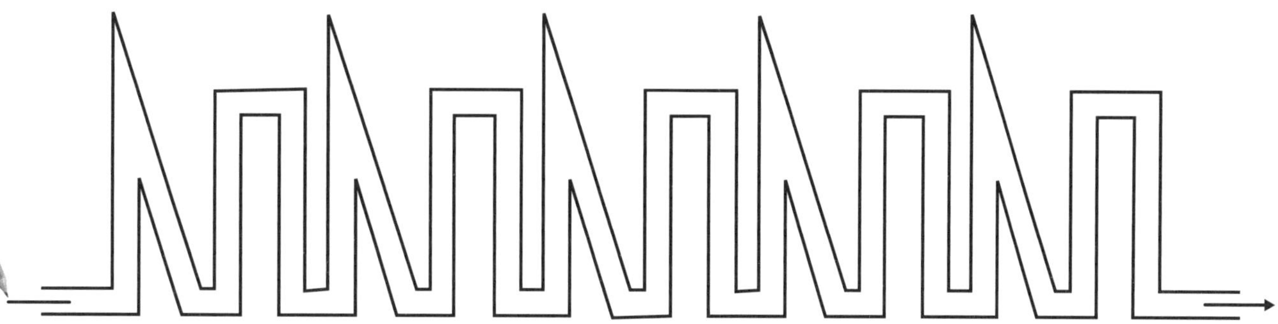

T t T t T t T t T t T t T t

U u

1 U 1 u 2

U

U

UUUUUUUUU

UUUUUUUUUUUU

U

Uu Uu Uu *Uu* Uu Uu Uu **Uu** **Uu**

u

Uu

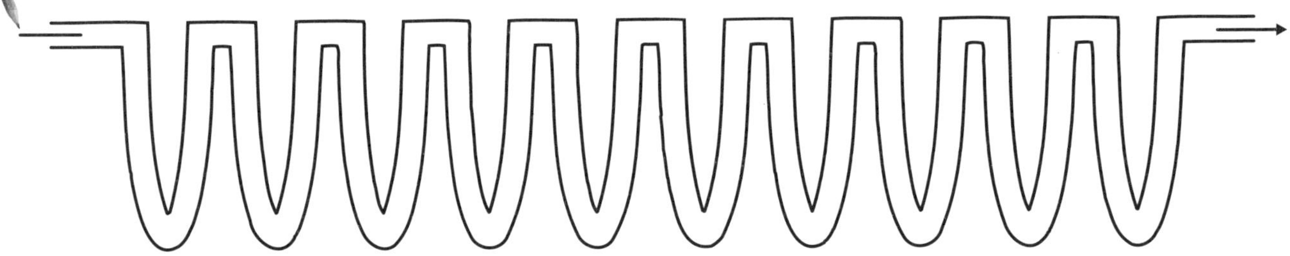

Uu Uu Uu Uu Uu

Vv Vv Vv Vv Vv Vv Vv Vv Vv

V v

1 V 1 v

V

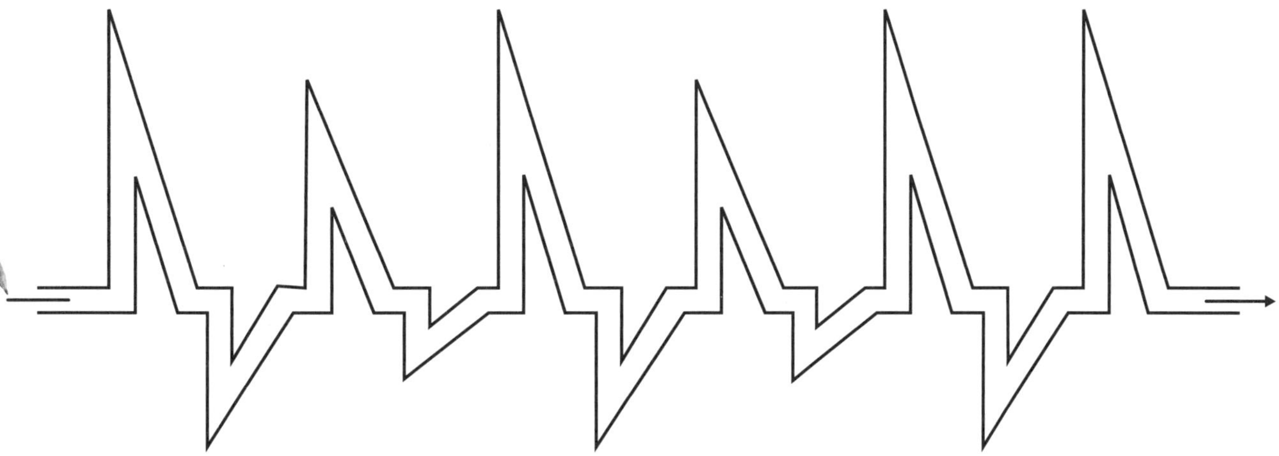

1 V

V V V V V V V V V

V V V V V V V V V V

V

v

v

Vv

V v V v V v V v V v V v

W w W w

1 W 1 w

W

W W W W W W W

W W W W W W W W W

W

Ww Ww Ww *Ww* Ww Ww Ww

W

Ww Ww Ww Ww Ww Ww Ww

Ww

X x

X x

X

X

X X X X X X X X X

X X X X X X X X X X X

X

X

Xx

Y y

1 2 Y

1 2 y

Y

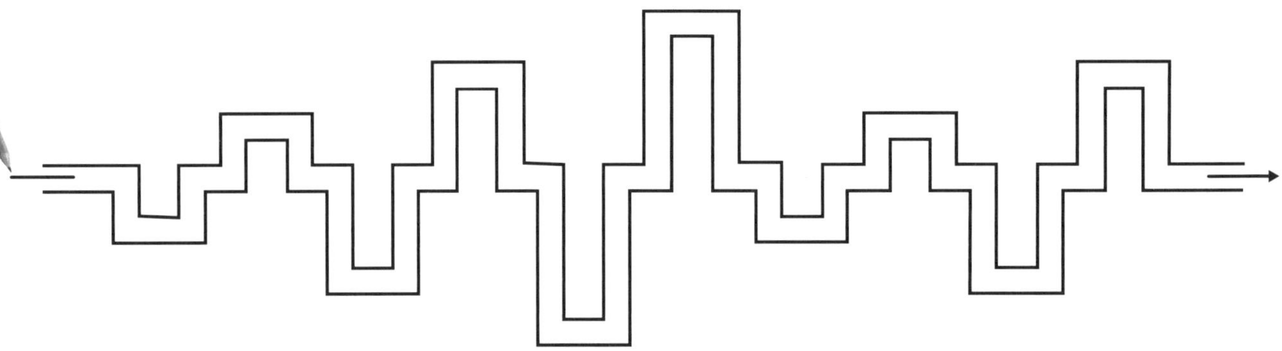

1 2 Y

Y Y Y Y Y Y Y Y Y

Y Y Y Y Y Y Y Y Y Y Y

Y

y

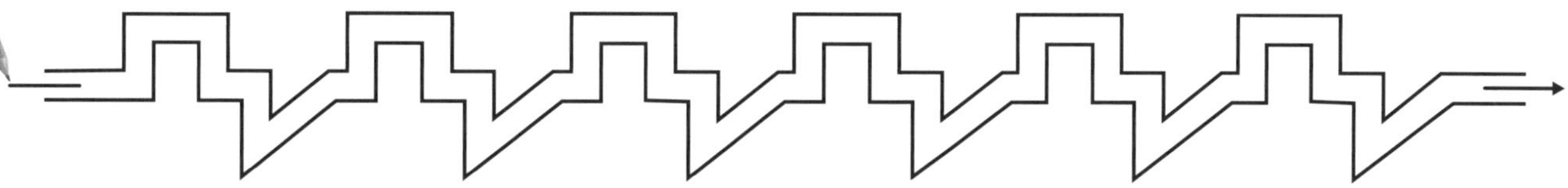

Yy

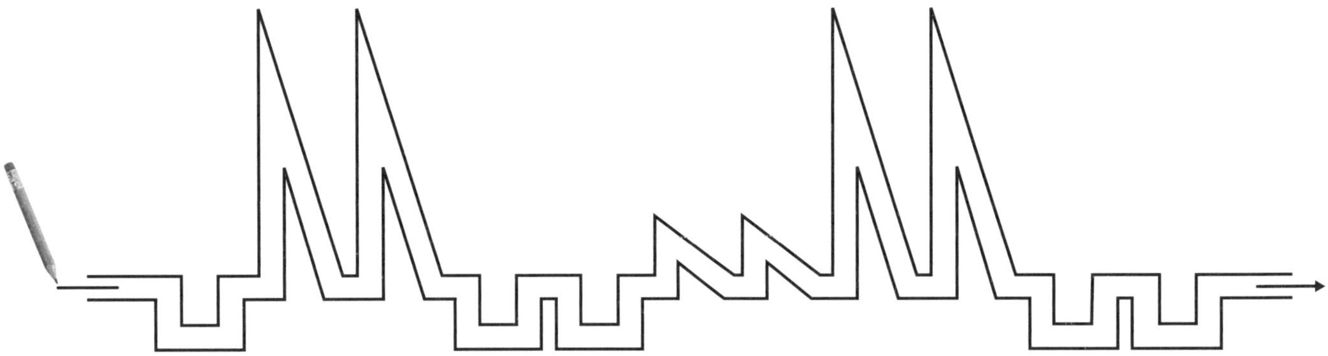

Z z

1 2 3 1 2 3

Z

Z

Z Z Z Z Z Z Z Z Z

Z Z Z Z Z Z Z Z Z Z Z

Z

Zz Zz Zz Zz Zz Zz Zz Zz Zz

z

Zz Zz Zz Zz Zz Zz Zz Zz Zz

Zz

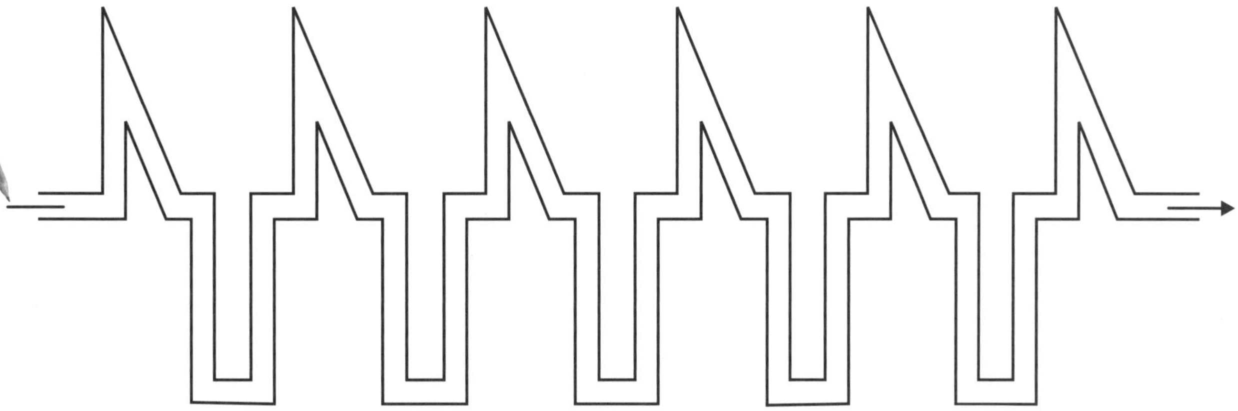

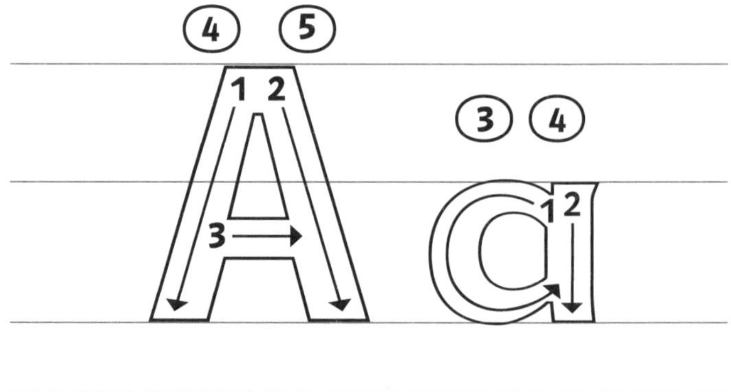

Ä

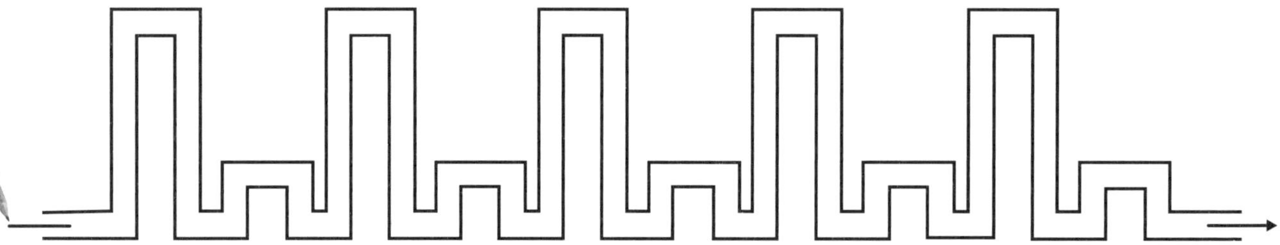

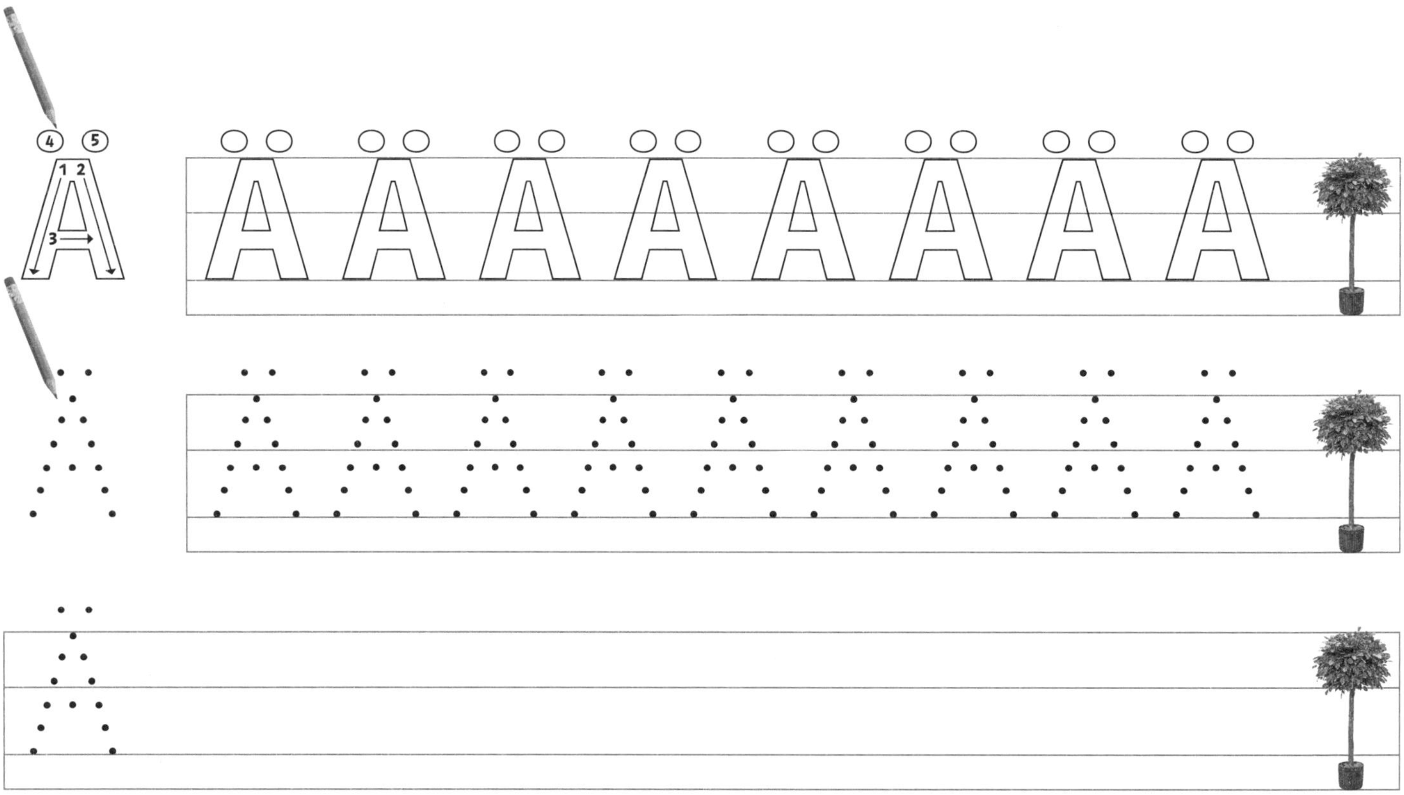

Ää Ää Ää Ää Ää Ää Ää Ää Ää

ä

Ää

Ö ö

Ö ö

Ö

ö

Öö

Ü ü

② ③ 1 Ü ③ ④ 1 2 ü

Ü

② ③ 1

ü

Üü

ß

ß

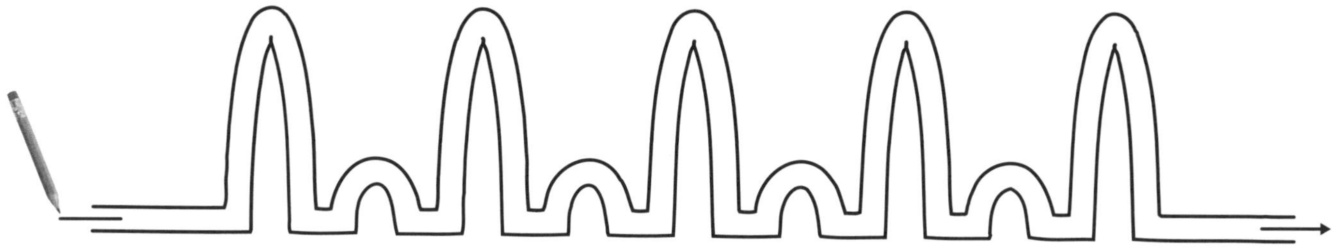

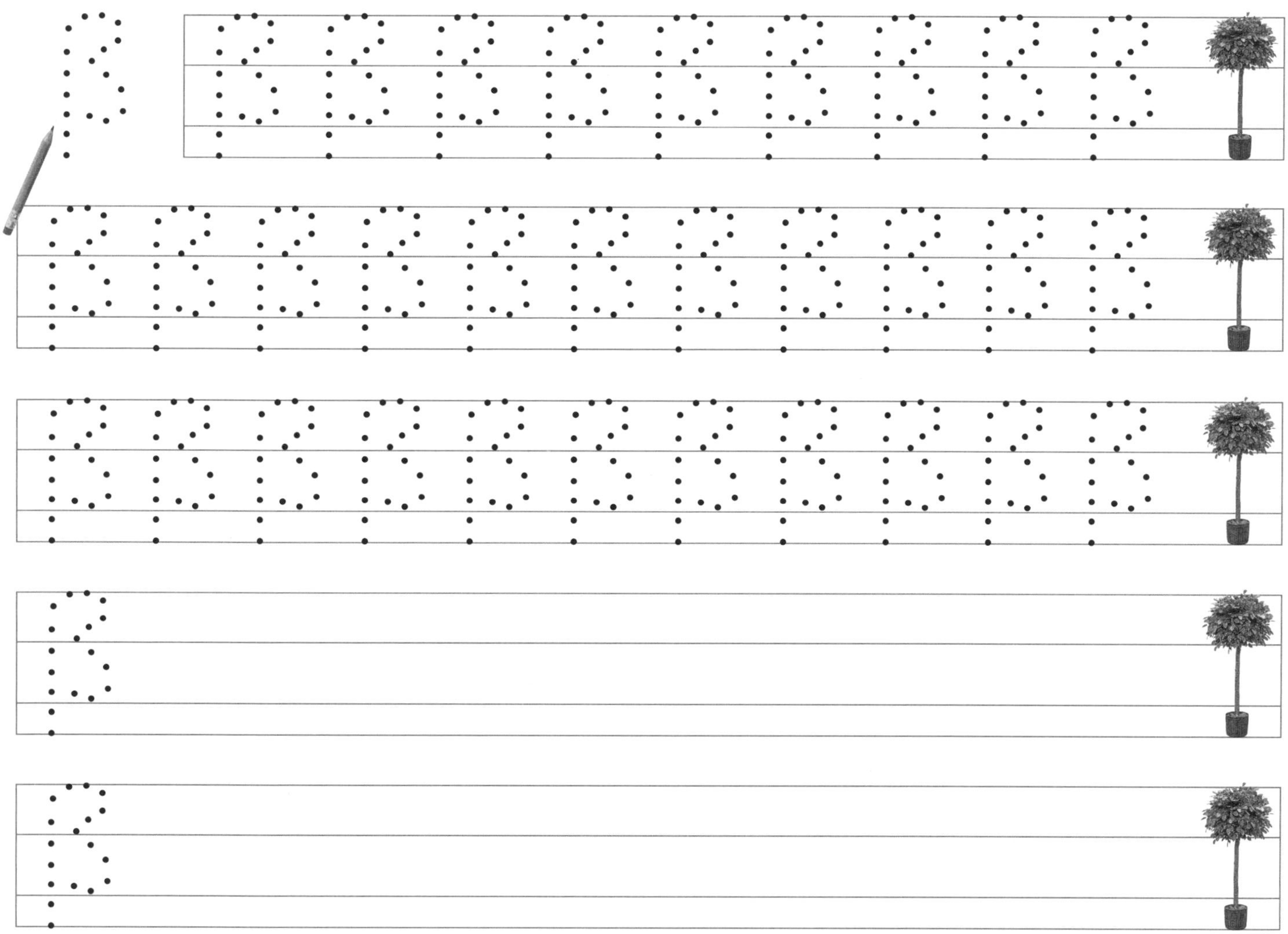

0 0 0 0 0 0 0 0 1 1 1 1 1 1 1 1

0 0 1 1

0

0 0 0 0 0 0 0 0 0 0 0

1

1 1 1 1 1 1 1 1 1 1 1

2 2 2 2 2 2 2 2 3 3 3 3 3 3 3 3

2 1 2

3 1 2

2

2 1 2

3

3 1 2

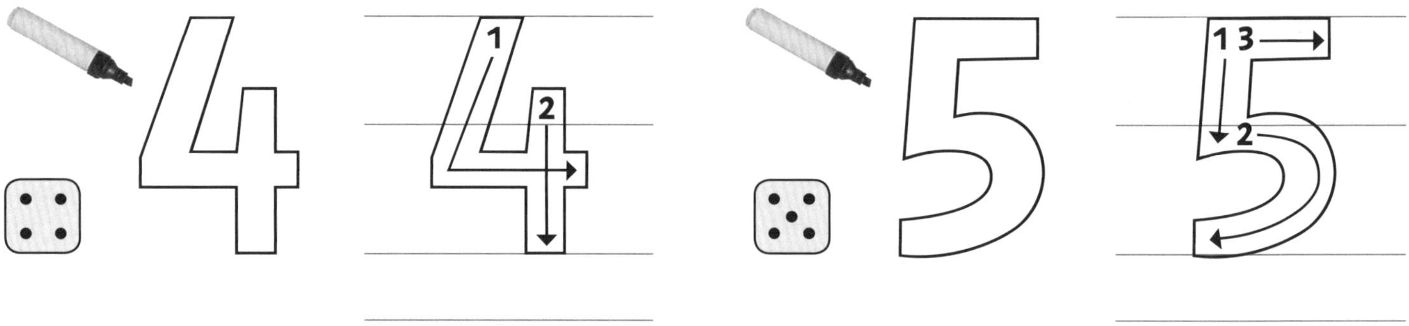

4

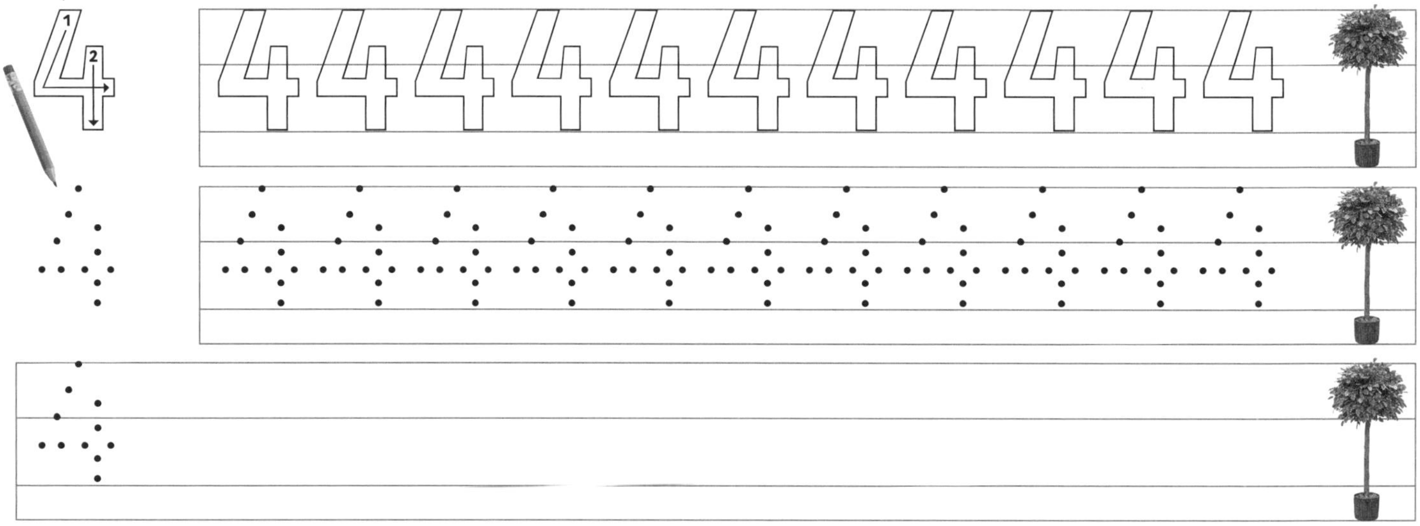

5

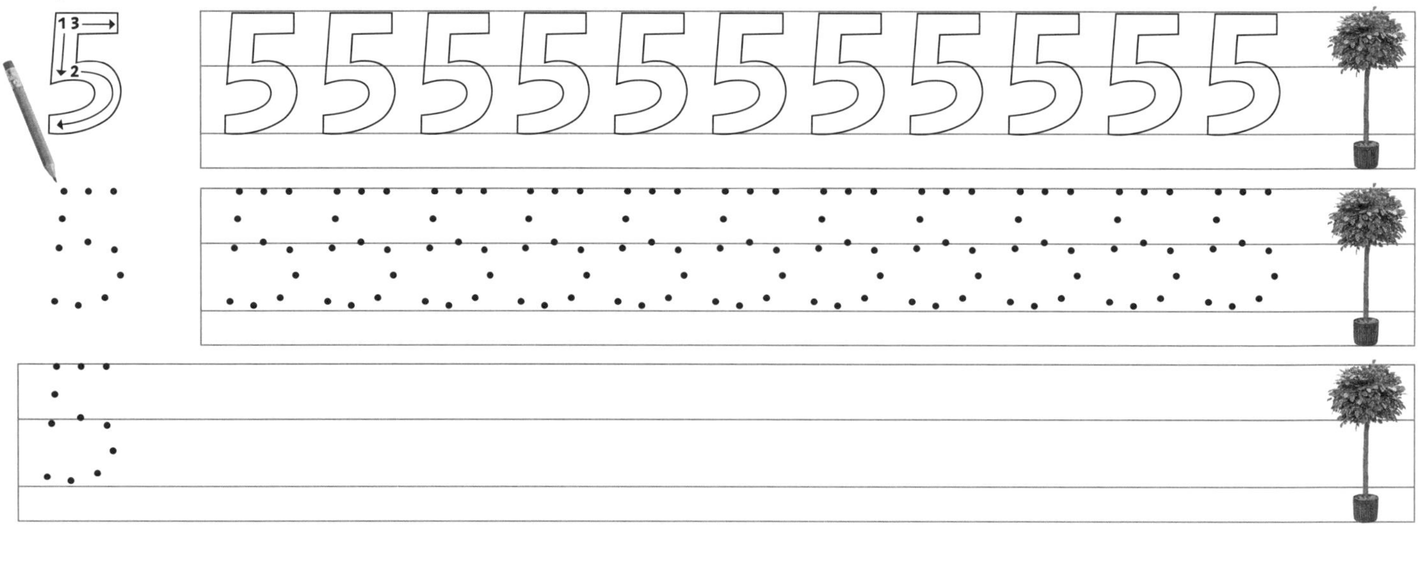

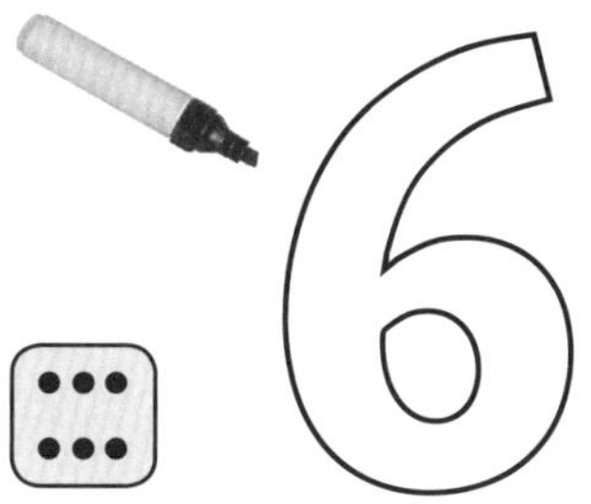

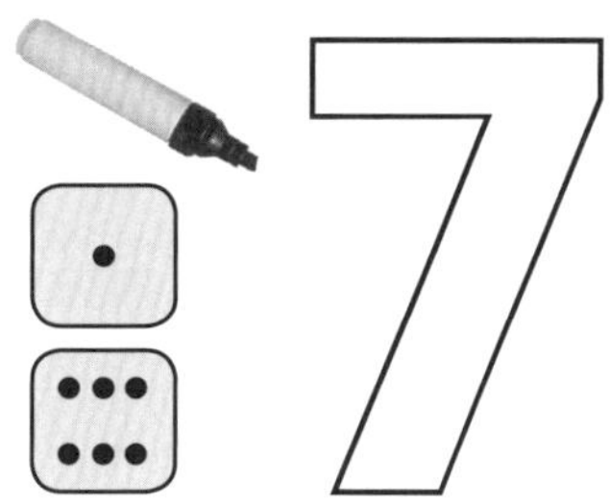

6

7

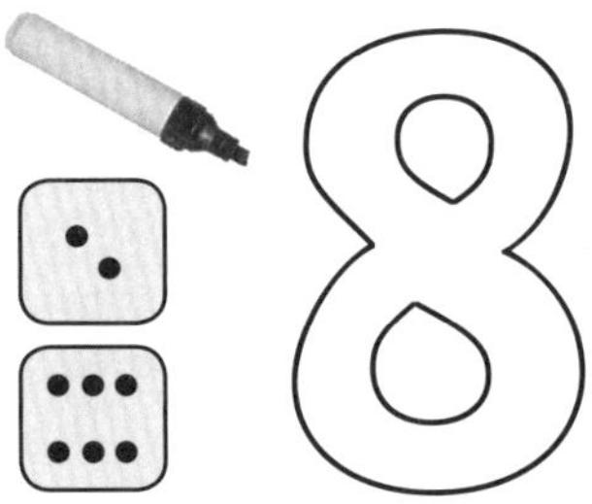

8

9

10

12

23

34

45

67

89

100